Dieses Buch
ist ein Geschenk

für .................................................................

von .................................................................

zur Erinnerung an deine Erstkommunion.

# Mein schönstes Fest

## Erstkommunion Erinnerungsalbum

Illustriert von
Sabine Waldmann-Brun

Weltbild

# Das bin ich

Ich heiße ..................................................

Meine Adresse lautet: ..............................................................
Ich bin geboren am ..................................................................
Ich bin ................... cm groß und habe ....................... Augen.
Meine Haarfarbe ist ..................................................................
Meine Lieblingsfarbe ist .............................................................
Ich esse am liebsten ..................................................................
Mein Lieblingstier: .....................................................................
Meine Hobbys sind ....................................................................
Was ich sonst noch mag: ..........................................................
Mein Lieblingsbuch: ..................................................................
Meine Lieblingsmusik: ..............................................................
Mein Fingerabdruck

Hier ist Platz für ein Foto von dir ...

Dieses Buch ist dein ganz persönliches Erstkommunionalbum.

# Meine Familie

Meine Eltern heißen ............................................ und ............................................

Meine Geschwister sind ................................................................................
........................................................................................................................
........................................................................................................................

Meine Großeltern heißen ..............................................................................
........................................................................................................................
........................................................................................................................

Wir haben auch ein Haustier.
Es ist ............................................................ und heißt ............................................

Die schönsten Fotos von meiner Familie

# Meine Freunde

Ich heiße..................................................
Meine Adresse lautet:..............................
................................................................
................................................................
Ich bin geboren am..................................
Ich bin..............................................cm groß
und habe..........................................Augen.
Meine Haarfarbe ist..................................
Meine Lieblingsfarbe ist...........................
Ich esse am liebsten.................................
................................................................
Mein Lieblingstier:.....................................
Meine Hobbys sind...................................
................................................................
Was ich sonst noch mag:.........................
................................................................
Mein Lieblingsbuch:..................................
................................................................
Meine Lieblingsmusik:...............................
................................................................
Mein Fingerabdruck

Ich heiße..................................................
Meine Adresse lautet:..............................
................................................................
................................................................
Ich bin geboren am..................................
Ich bin..............................................cm groß
und habe..........................................Augen.
Meine Haarfarbe ist..................................
Meine Lieblingsfarbe ist...........................
Ich esse am liebsten.................................
................................................................
Mein Lieblingstier:.....................................
Meine Hobbys sind...................................
................................................................
Was ich sonst noch mag:.........................
................................................................
Mein Lieblingsbuch:..................................
................................................................
Meine Lieblingsmusik:...............................
................................................................
Mein Fingerabdruck

Ich heiße..........................................................
Meine Adresse lautet:..............................
...........................................................................
...........................................................................
Ich bin geboren am..................................
Ich bin.................................................cm groß
und habe.................................................Augen.
Meine Haarfarbe ist..................................
Meine Lieblingsfarbe ist............................
Ich esse am liebsten..................................
...........................................................................
Mein Lieblingstier:......................................
Meine Hobbys sind....................................
...........................................................................
Was ich sonst noch mag:...........................
...........................................................................
Mein Lieblingsbuch:...................................
...........................................................................
Meine Lieblingsmusik:...............................
...........................................................................
Mein Fingerabdruck

Ich heiße..........................................................
Meine Adresse lautet:..............................
...........................................................................
...........................................................................
Ich bin geboren am..................................
Ich bin.................................................cm groß
und habe.................................................Augen.
Meine Haarfarbe ist..................................
Meine Lieblingsfarbe ist............................
Ich esse am liebsten..................................
...........................................................................
Mein Lieblingstier:......................................
Meine Hobbys sind....................................
...........................................................................
Was ich sonst noch mag:...........................
...........................................................................
Mein Lieblingsbuch:...................................
...........................................................................
Meine Lieblingsmusik:...............................
...........................................................................
Mein Fingerabdruck

## Meine Taufe

Ich wurde am ..................................................................................
in der Kirche in ................................................................................
auf den Namen ..................................................................... getauft.
................................................................................................

Mein Namenspatron ist ........................................................................
Sein Fest – mein Namenstag – wird gefeiert am .............................................

Meine Taufpaten heißen .......................................................................
................................................................................................

# Unsere Gemeinde

Unsere Gemeinde heißt ........................................................................

Ihr Schutzpatron ist ..........................................................................

Sein/Ihr Fest feiern wir am ..................................................................

Zu ihr gehören ................................... Menschen.

Unser Pfarrer heißt ...........................................................................

*Hier ist Platz für ein Foto oder eine Postkarte deiner Kirche;
vielleicht willst du sie auch malen.*

# Wo zwei oder drei in meinem Namen versammelt sind

Wo zwei o-der drei in mei-nem Na-men ver-sam-melt sind, da bin ich mit-ten un-ter ih-nen. Wo zwei o-der drei in mei-nem Na-men ver-sam-melt sind, da bin ich mit-ten un-ter ih-nen.

# Der Weinstock und die Reben

Jesus spricht:
Ich bin der wahre Weinstock, und mein Vater im Himmel ist der Winzer.
Jede Rebe am Weinstock, die keine Weintrauben bringt,
schneidet der Winzer ab. Und jede Rebe, die Weintrauben bringt,
reinigt und hegt der Winzer, damit sie voll wird.
Bleibt in mir, dann bleibe ich in euch.
Die Rebe kann nur Frucht bringen, wenn sie am Weinstock bleibt.
So könnt auch ihr euch nur entwickeln und Früchte bringen,
wenn ihr mit mir verbunden bleibt.
Denn ich bin der Weinstock und ihr seid die Reben.
Wer in mir bleibt und in wem ich bleibe, der bringt reiche Frucht.

Nach dem Johannesevangelium 15,1-5

# Meine Erstkommuniongruppe

Auf die Erstkommunion bereiten wir uns gemeinsam vor.

*Hier können sich alle eintragen:*

Meine Erstkommunionvorbereitung begann: ..................................................
Die Gruppe leitete(n): ............................................................................

Dies hat mich bei der Erstkommunionvorbereitung am meisten interessiert:
................................................................................................................
................................................................................................................

# Unsere Erlebnisse

Klebe hier Fotos von deiner Erstkommuniongruppe,
deinem Erstkommunionausflug, deinen Erlebnissen oder Ereignissen
auf dem Weg zu deiner Erstkommunion ein.

Vielleicht gibt es auch einen Text, ein Gedicht, ein Lied
oder einen Gedanken, der dir wichtig ist.

# Wir bringen gläubig Brot und Wein

Das eine Brot kann nur entstehn, nimm die Gaben an,

wenn viele Körner untergehn, nimm die Gaben an!

Keiner der Menschen lebt ja vom Brot allein,

gib uns Frieden, nimm die Gaben an.

© Studio Union im Lahn-Verlag, Limburg-Kevelaer,
aus: „Macht Frieden", SU 770

Text: Herbert Schaal
Musik: Nordamerika

# Brot

Viele Körner
und viele Hände
schufen dich,
Brot,
notwendig
für unser tägliches Leben.

Das eine Brot aber,
das Brot des Lebens,
der Leib Christi,
stillt allen Hunger.

„Er nahm beim Mahl das Brot
und sagte Dank,
brach das Brot,
reichte es seinen Jüngern
und sprach:
Nehmet und esset alle davon.
Das ist mein Leib, der für euch
hingegeben wird."

# Wein

Viele Trauben
und viele Hände
schufen dich,
Wein,
erfreuend
unsere Feste.

Der eine Wein aber,
im Kelch des Lebens,
das Blut Christi,
ist für uns das ewige Fest.

„Ebenso nahm er nach dem Mahl den Kelch,
dankte wiederum,
reichte den Kelch seinen Jüngern
und sprach:
Nehmet und trinket alle daraus.
Das ist mein Blut, das für euch
und für alle vergossen wird."

# Das Vaterunser

So wie Jesus beten auch wir.
Mit seinem Gebet verbinden wir uns mit der Gemeinschaft
der Christen in der ganzen Welt.

Vater unser im Himmel,
geheiligt werde dein Name.
Dein Reich komme.
Dein Wille geschehe, wie im Himmel so auf Erden.
Unser tägliches Brot gib uns heute.
Und vergib uns unsere Schuld,
wie auch wir vergeben unsern Schuldigern.
Und führe uns nicht in Versuchung,
sondern erlöse uns von dem Bösen.
Denn dein ist das Reich
und die Kraft
und die Herrlichkeit in Ewigkeit.
Amen.

# Meine Erstkommunion

Am ........................................ habe ich das Fest der Erstkommunion gefeiert.

Ich durfte das erste Mal in der Kirche ........................................ zum Tisch des Herrn gehen und habe die heilige Kommunion empfangen.

Mein Pfarrer war ................................................................

Das hat mir besonders gut an dem Gottesdienst gefallen: ........................

................................................................................

*Klebe hier das Liedblatt deines Erstkommuniongottesdienstes ein.*

# Mein Festtag

Meinen großen Tag haben mit mir zusammen gefeiert:

Hier kannst du eine Liste deiner Gäste einkleben oder deine Gäste unterschreiben lassen.

# Fotos von meinem festlichen Tag

# Unser Leben sei ein Fest

© alle Rechte im Peter Janssens Musik Verlag,
Telgte – Westfalen; aus: Wir haben einen Traum, 1972

Text: Josef Metternich Team
Musik: Peter Janssens

# Was ich dir wünsche

## FRIEDENSWUNSCH

Den tiefen Frieden
im Rauschen der Wellen
wünsche ich dir.

Den tiefen Frieden
über dem stillen Land
wünsche ich dir.

Den tiefen Frieden
im schmeichelnden Wind
wünsche ich dir.

Den tiefen Frieden
unten den leuchtenden Sternen
wünsche ich dir.

Den tiefen Frieden
vom Sohne des Friedens
wünsche ich dir.

*Aus Irland*

# Die Wünsche meiner Gäste

*Hier kannst du deine Gäste bitten, für dich einen persönlichen Wunsch zu schreiben.*

# Wofür ich danke

Es ist ein ungeheures Glück,
wenn man fähig ist, sich zu freuen.

*George Bernhard Shaw*

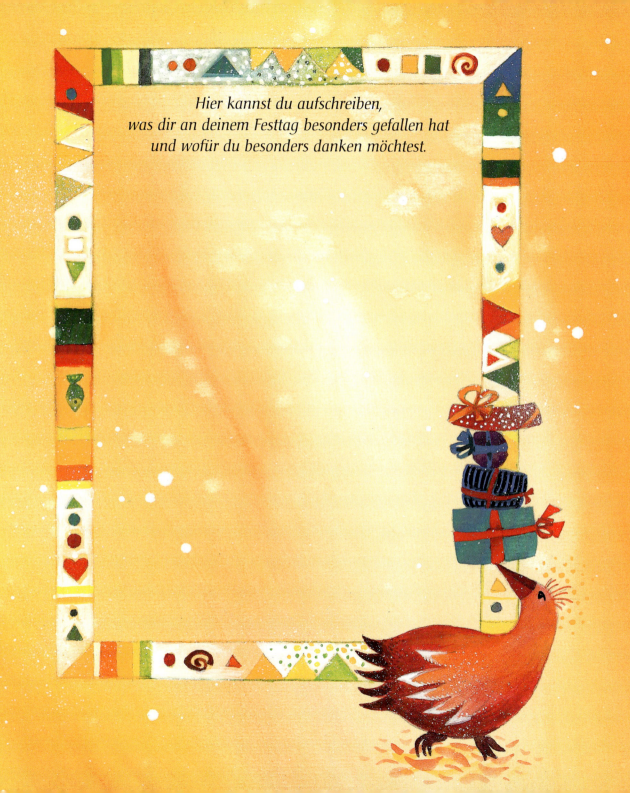

*Hier kannst du aufschreiben,
was dir an deinem Festtag besonders gefallen hat
und wofür du besonders danken möchtest.*

# 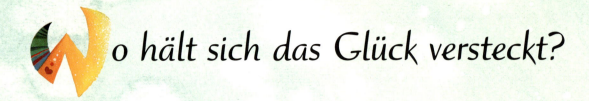o hält sich das Glück versteckt?

Julia und ich sind Zwillinge. Im Gesicht sehen wir genau gleich aus. Und wir sind auch gleich groß und gleich dünn. Aber sonst sind wir ganz und gar verschieden. Wie Tag und Nacht, sagt Mama. Und wir können uns prima streiten. Dann kratzt Julia mich und ich schlage meine Zimmertür ganz laut zu.

Aber in einer Sache waren wir uns früher immer einig: Wir wollten später, wenn wir groß sind, ganz reich sein. Das ist jetzt nicht mehr so. Aber früher stellten wir es uns oft vor, wie es wäre, viel viel Geld zu haben. Was man dann alles kaufen und machen könnte!

„Ich möchte ein großes Haus mit vielen Balkons und kleinen Türmchen haben", sagte Julia. „Und ein Pferd und eine Taucherausrüstung und eine Segeljacht und so."

„Und ich möchte ein eigenes Flugzeug haben, mit dem ich um die ganze Welt reisen kann. Und überall kaufe ich mir Ferienhäuser. Dann bin ich überall zu Hause." So habe ich gedacht.

Natürlich wollten wir auch den anderen Menschen mit unserem Geld Gutes tun, Geschenke verteilen und eine Harry-Potter-Zauberschule für Kinder einrichten. Aber vor allem dachten wir an viele schöne Kleider und glitzernde Perlenketten. An all das, was Mama nicht hat und Papa nicht und Julia und ich erst recht nicht. Papa ist arbeitslos und Mama sitzt im Supermarkt an der Kasse und verdient nicht viel.

Deswegen haben Julia und ich auch so wenig Taschengeld. Wir verraten niemandem in der Schule, wie wenig das ist, wir tun einfach so, als hätten wir genug.

Eines Tages kam ein neues Mädchen in unsere Schulklasse, Barbara. In der Pause hat sie mit einem winzig kleinen Handy telefoniert, das ihr ganz allein gehörte. Sie hat da jemanden gefragt, was es heute zum Mittagessen gibt. Aber das hat ihr wohl nicht gefallen, denn sie sagte: „Nein, ich will aber Pfannkuchen!" Und als sie dann aufhörte zu telefonieren, sah man ihrem Gesicht an, dass es heute also Pfannkuchen geben würde. Barbaras Eltern sind so reich – das kann man gar nicht beschreiben. Julia und ich haben es gesehen, denn wir waren schon bei Barbara zu Hause zum Spielen eingeladen. Barbara hat alles und darf alles und ihr Haus ist so wie im Fernsehen. Sie haben sogar ein Schwimmbad im Keller.

„Ich werde mir später auch ein Schwimmbad einbauen lassen", sagte ich beim Abendessen nach dem Besuch bei Barbara.
„Geld bringt kein Glück!", sagte Papa.
„Aber du ärgerst dich doch, dass du keins hast!", sagte Julia.
„Ich möchte gern arbeiten und Geld verdienen, aber Glück ist was anderes", sagte er.
„Was denn?", fragte ich. Und jetzt war ich neugierig.
„Morgen ist Sonntag", sagte Papa.
„Morgen gehen wir auf die Suche nach dem Glück, das man nicht kaufen kann!"
Und das haben wir dann gemacht.
Und stellt euch vor, wir haben es sogar gefunden! Aber wenn ihr jetzt denkt, dass das Glück soundso aussieht und dass man es da und da findet, dann irrt ihr euch gewaltig. Das Glück hält sich nämlich immer versteckt. Und doch kann man es finden.
Wir sind also am nächsten Morgen gleich nach dem Frühstück losgegangen, alle zusammen.
„Erst mal immer der Nase nach", schlug Papa vor. Also gingen wir geradeaus die Straße hoch, dann in den Park. Da sind wir herumgelaufen, einmal um den Teich und haben geguckt und gesucht. Aber vom Glück keine Spur. Und dann hat es auch noch angefangen zu regnen.

Wir gingen zum Kiosk und haben uns untergestellt. Mama hat uns ein Eis spendiert. Es hat gut geschmeckt, aber nicht nach Glück.
Da zeigte Papa auf eines der Hochhäuser in der Ferne und sagte: „Mein großer Zeh juckt so, als müsste ich da hinaufsteigen."
Wir kicherten und machten uns auf den Weg. Das Hochhaus gehört einer Bank, und für einen Augenblick dachte ich, Papa würde sich da jetzt doch Geld holen, um sich was Schönes zu kaufen. Aber die Bank hatte sonntags für alle eine bestimmte Tür geöffnet, durch die man zu einem Fahrstuhl kam. Und mit dem sind wir ganz hoch hinaufgefahren – bis fast zum Himmel.
Es gab hier eine Plattform mit gläsernen Wänden, durch die man über die ganze Stadt sehen konnte bis hin zu den Bergen.
„Diese weite weite Welt!", rief Papa. „Das ist für mich Glück, das alles von hier oben zu sehen!" Er sah wirklich glücklich aus in dem Moment und ich gebe zu, dass der Ausblick hier oben bombastisch war. Aber mein großer Zeh sagte mir, dass Glück für mich etwas anderes war.
Wir liefen dann den ganzen Tag in der Stadt herum und haben weiter gesucht. Das hat Spaß gemacht. Aber wo hielt sich mein Glück versteckt?
Julia hat ihres im Park gefunden auf dem Heimweg. Es hatte aufgehört zu regnen,

die Sonne glitzerte im Teich und Julia blieb stehen, bückte sich und hob einen großen Stein auf. Es wimmelte darunter von lauter kleinen Tieren, die ganz aufgeregt waren, weil die Sonne sie wohl kitzelte. Das gefiel Julia sehr. Sie konnte gar nicht genug darauf starren und schließlich sagte sie: „Das ist mein Glück!"
Das konnte ich gar nicht verstehen. Solches Kleinvieh ist doch kein Glück. Typisch Julia.
Mama und ich hatten immer noch keines, aber wir waren so müde, dass wir doch heim wollten.
„Ich habe jetzt so richtig Hunger auf Spagetti", rief Mama. „Das ist für mich jetzt das größte Glück der Welt, dass wir noch welche im Haus haben!"
Sie hat uns leckere Spagetti gemacht und wir haben sie bei Kerzenlicht gegessen.

Das war sehr schön, vor allem für Mama. Jetzt war ich die Einzige, die noch kein Glück gefunden hatte.
„Vielleicht ist es für mich eben doch das Geld", sagte ich und dachte an Barbara. „Manchmal muss man auf das Glück auch warten", meinte Papa und nahm einen großen Schluck Bier.
Als ich abends im Bett lag, war ich gar nicht unglücklich, im Gegenteil.
„Ich hab's!", rief ich und setzte mich auf.
„Was denn?", murmelte Julia, die schon fast schlief.
„Ich bin glücklich darüber, dass wir heute losgegangen sind, um das Glück zu suchen!", sagte ich. „Und ich bin so froh darüber, dass man das Glück nicht kaufen kann. Denn dann werde ich meins bestimmt auch noch finden."
Und dann schlief ich ein und träumte – ratet mal wovon.

*Tanja Jeschke*

# Ich liebe dich, sagt Gott

Schlägt dir die Hoffnung fehl,
nie fehle dir das Hoffen!
Ein Tor ist zugetan,
doch tausend sind noch offen.

*Friedrich Rückert*

Fürchte dich nicht,
denn ich bin mit dir;
hab keine Angst,
denn ich bin dein Gott.

*Jesaja 41,10*

Das ist mein Gebot:
Liebt einander,
so wie ich euch geliebt habe.

*Johannesevangelium 15,12*

# Segen für dich

Der Herr sei vor dir,
um dir den rechten Weg zu zeigen.

Der Herr sei neben dir,
um dich in die Arme zu schließen
und dich zu schützen.

Der Herr sei hinter dir,
um dich zu bewahren
vor der Heimtücke böser Menschen.

Der Herr sei unter dir,
um dich aufzufangen, wenn du fällst,
und dich aus der Schlinge zu ziehen.

Der Herr sei in dir,
um dich zu trösten,
wenn du traurig bist.

Der Herr sei um dich herum,
um dich zu verteidigen,
wenn andere über dich herfallen.

Der Herr sei über dir,
um dich zu segnen.

So segne dich der gütige Gott.

*Aus Irland*

Quellennachweis

Wo hält sich das Glück versteckt?
aus: Tanja Jeschke, Mein buntes Geschichtenbuch zur Erstkommunion.
Illustriert von Sabine Waldmann-Brun, München 2002, S. 55-59.

Genehmigte Lizenzausgabe der
Verlagsgruppe Weltbild GmbH, Steinerne Furt, 86167 Augsburg
Copyright der Originalausgabe © 2003 by Pattloch Verlag,
ein Unternehmen der Verlagsgruppe Droemer Knaur GmbH & Co. KG, München
Umschlaggestaltung: Atelier Seidel, Teising
Umschlagmotiv: Sabine Waldmann-Brun
Gesamtherstellung: Offizin Andersen Nexö Leipzig GmbH,
Zwenkau
Printed in the EU
ISBN 978-3-8289-5048-1

2009
Die letzte Jahreszahl gibt die aktuelle Lizenzausgabe an.

Einkaufen im Internet:
*www.weltbild.de*